L'EREDITÀ DELL'ANTICO
Passato e Presente

14

Voci del passato

schegge di poesia da Erodoto e Pausania
rivisitate
da Lorenzo Braccesi

con prefazione di Gianni D'Elia

e una testimonianza di Giorgio Bàrberi Squarotti

«L'ERMA» di BRETSCHNEIDER

Lorenzo Braccesi

Voci del passato

Lorenzo Braccesi
Voci del passato. Schegge di poesia da Erodoto a Pausania rivisitate da Lorenzo Braccesi - Lorenzo Braccesi - Roma : «L'Erma» di Bretschneider, 2017 - 114 p. - 190 cm

ISBN Cartaceo 978-88-913-1429-1
ISBN Digitale 978-88-913-1427-7

CDD 938

1. Erodoto
2. Pausania

SOMMARIO

PREFAZIONE
VOCI DEL PASSATO PRESENTE

*È una bella pretesa ogni prefazione: un dire che dovrebbe venire prima di un altro dire, che però lo precede, a volte di secoli, come nel caso di queste traduzioni di passi poetici da Erodoto e da Pausania ad opera di un rivisitatore d'eccezione come il grecista Lorenzo Braccesi, e a suo modo poeta, nelle forme della versificazione e dell'orecchio sicuro, come nella sonante prova dell'*Alessandra *di Licofrone, dove il trimetro giambico è reso in costanza giambico-anapestica,e cioè con accento nostro di seconda e di terza sillaba e finali di sdrucciolo e tronco, raddoppiando quasi il metro, in una mimesi ascendente.*

Se lì era la profezia di Cassandra a non essere creduta, come la verità in catene, qua i vaticini e i responsi della Pizia di Apollo, sacerdotessa e profetessa della sede di Pythò, antico nome di Delfo, sono prelevati da Erodoto e Pausania e offerti al lettore d'oggi come schegge di poesia, e cioè voci del passato.

Cosa vuole dirci Braccesi, che ormai da anni illumina letteralmente la scena duplice della piccola patria pesarese e della cultura classica greco-latina?... Voci del passato... Poeticissimo è lo stimolo dello storico, che lentamente da studi locali e parziali va dise-

gnando un ordito con punti precisi: il passato è presente, ci riguarda, si ripete, anzi, se è possibile leggere nelle intenzioni, tacite ma manifeste in atti, questo passato è una commistione di Guerra e Poesia, addirittura una antropologia poetica della Lotta... Una vera 'madeleine' storica, in forma poetica, e una 'intermittenza del cuore' poetica, in forma storica.

La guerra, lo sprofondamento, la sparizione... È inutile dire girarci intorno, eroi, battaglie, città cadute, nemici garantiti dai sacri voti, guerre greche e persiane, Troia, Omero, dalla disfatta delle Termopili alla vittoria di Salamina, con perfino delle scene gustose e beffarde, sempre intorno al guerreggiare:

Le femmine marine di Coliade
con relitti di remi
i pesci arrostiranno...

La 'moralité' dei greci, il loro 'terribile insegnamento', per riprenderne l'accezione ultimativa del Baudelaire di Mario Richter, non è forse la lotta, con la Natura e col Nemico, e infine la morte eroica e la celebrazione delle gesta immortali?

Se la Poesia è la Guerra, la Poesia in sé, vuole forse dirci Braccesi, è la Pythìa Hièreia, o così appare in Erodoto e in Pausania, dove la voce religiosa e profetica, custode del santuario apollineo, eretto sulla gloria dell'uccisione del serpente Pitone, parla in versi e risponde agli adepti, facendo tanti nomi di luoghi e di persone, di uomini e di dei, al punto che per un lettore di poesia contemporanea il rituffo nel passato greco e latino, alessandrino, significa la definizione del No-

me e del Luogo come centri linguistici di irradiazione del messaggio poetico classico: ONOMA *e* TOPOS*, l'eroe e 1a città, l'amata e la battaglia, identificano luoghi poetici, bellici, profetici, e quindi topografia, innografia e arte poetica... Infatti, lo studio di Braccesi è la rapsodìa, e cioè la cucitura unitaria e il montaggio del 'canto a frammenti'.*

Una cucitura finissima, e un montaggio emozionante, dalla Pizia a Omero, dalle fonti magiche al canto epico... Il sapore della guerra, l'odore dei templi, l'incenso e il fumo dei sacrifici , il sole sulle vittorie, i nomi sdruccioli dei luoghi e degli eroi, tutto ci passa davanti concentrato nello spazio di poche sillabe, di pochi versi tremendi, che evocano tutto il contesto sparito, e restano come didascalie della gloria nella rovina... E il tremendo *è il* magnifico*, ecco il sublime dei greci? La guerra tra greci e greci, greci e barbari, greci e persiani, trascorre nei frammenti, come la sceneggiatura scarna di un kolossal perduto, con la voce sapienziale fuori campo, quella voce orfica che è il vero testo a fronte della voce politica e filosofica di Atene, dove una civiltà contadina e allevatrice, memore di tutto il mito delle epoche raccoglitrici, sviluppò l'arte della caccia nella guerra di confini e di autodifesa, creando dalle proprie istituzioni aristocratiche il discorso retorico della democrazia, raggiungendo le vette della parola e dell'arte, dell'abitare e del costruire, fino a farsi riassorbire dall'impero macedone; esatto contrario della tentacolare medusa romana, che col diritto e i tributi impose l'autonomia imperiale al mondo intero.*

Una civiltà nata dalla Poesia, ecco, non poteva

creare un Impero: ma un Pensiero, sì, facendo germinare in noi postmoderni il fascino di un'ipotesi critica, e cioè che la stessa Lirica preceda e fondi l'Epica e la Tragedia, tra il VII e il VI secolo avanti Cristo, e che lo stesso Omero non sia che un epigono di Orfeo, come Alceo, dato il carattere spurio, lirico-narrativo, dei primi frammenti rapsodici dei poemi omerici... Mythos e Logos, gloria plurima e orale della Phonè, origine del suono e voce dell'immaginazione.

Periegèsi della Grecia, sì, guida narrata dei luoghi d'arte e dei monumenti notevoli, tra i quali svettano i documenti poetici, sul modello erodoteo, in cui i fatti mìtici e religiosi, le magie orfiche della seconda religione non olimpica, vengono riferiti nella lingua del Personaggio, la Pizia lirica e oscura, isolata e tramandata nel suo oracolo da una interpretazione storica che pare restare laica e razionale, e cioè magari invisibile ed esterna al dettato irrazionale e simbolico.

Condurre intorno e in giro, raccontare, periegèsi e diegèsi, cose che il critico che traduce e reimmette la fonda linfa classica ha sempre ben presenti, ammonendo sul ritorno del sempre uguale e sui corsi e ricorsi storici, da Nietzsche a Vico e il nostro Leopardi furioso, su questa impossibile antropologia della pace da reinventare, fiore del deserto, ginestra, riscatto dell'idea dalla materia, nella naturale inimicizia delle parti e del tutto.

Voci di guerra, schegge belliche, a chiarire il fondo originario dell'uomo civile, che il mestiere dell'armi / esercita nei secoli... *Dunque, una minaccia interna all'Occidente (buono e cattivo), insieme alla minaccia esterna dei Barbari dell'Oriente portentoso e selvag-*

gio, come nel visionario Gog e Magog *del Pascoli, e del suo 'incubo islamico'... Voci del passato che non passa, e del grande presente classico, in cui ancora annaspiamo e a cui ancora ci aggrappiamo, nel circolo tragicomico delle epoche umane.*

GIANNI D'ELIA

AVVERTENZA

Anni fa ho proposto una rivisitazione dell'*Alessandra* di Licofrone che ha trovato buona accoglienza anche presso un pubblico di non addetti ai lavori. Si trattava di una rivisitazione ritmica, con alternanza di endecasillabi e settenari, che rispondeva alla richiesta del lettore non ellenista di essere orientato, e non disorientato, da traduzioni moderne e, trattandosi di un testo poetico, alla sua aspettativa di trarre conforto dal ricorso a moduli espressivi cadenzati su una metrica di consumata frequenza nella letteratura italiana.

Oggi, con i medesimi presupposti, e con non dissimili stilemi comunicativi, ho soffermato l'attenzione su una congerie di testi poetici adespoti, di rara efficacia, ma non sempre giustamente valorizzati, tràditi nelle pagine di due tra i più frequentati autori del mondo classico: l'uno lo storico Erodoto, l'altro il periegeta Pausania. Ciò, come nel caso dell'*Alessandra* licofronea, ha comportato una rivisitazione, che non è una traduzione rispondente al criterio della fedeltà, ma l'esito di una rilettura volta ad avvicinare il lettore di oggi all'espressività di una pluralità di dettati poetici, in lingua greca, solitamente fuori dal suo orizzonte.

Là, nell'*Alessandra*, mi dovevo misurare con un autore di riferimento sofisticato e prezioso come Licofrone, che avvita tutto il suo poemetto su un'unica voce narrante una terribile profezia; qui, invece, dobbiamo prestare orecchio a numerose e distinte voci anonime che però, anche esse, esplicitano criptici messaggi oracolari. Seppure non nell'esclusività dei casi, ché, a queste frammiste, ritroviamo iscrizioni e dediche apposte su monumenti celebrativi. Ma, nel complesso, è la voce della Sibilla delfica, insieme a quella di altre sentenze profetiche, a dominare la scena. La poetica – inutile rimarcarlo – è sempre quella, nebulosa, dell'oscurità; nell'*Alessandra* decodificabile attraverso i labirintici circuiti del mito, qui per tramite di più incidenti percorsi della memoria storica.

Erodoto e Pausania, con la loro dovizia di citazioni poetiche, mi hanno offerto occasione e superba materia documentaria per una rivisitazione di 'voci del passato' disperse nelle loro pagine e spesso, per noi moderni, messe in ombra come accessorie dal valore accordato al contesto di riferimento. Rivisitazione, la mia, che ha il suo pregio maggiore, o forse unico, nell'offrirle qui radunate come in un prezioso scrigno di forme poetiche. Disserrandolo, il lettore avvertirà come emergano, con rinnovato fascino, ancora dopo due millenni, personaggi e protagonisti, e con loro eventi, della mai obliabile storia della grecità.

L. B.

Pesaro, gennaio del 2017

Parte prima

ERODOTO

I (1, 47, 2)
La Pizia, vaticinio per Creso

Dei granelli d'arena
il numero, del mare le misure
conosco; di chi tace, di chi muto
non parla, le parole non espresse
l'intenzioni comprendo.
L'olfatto dell'aroma si impregna
di testuggine di dura corazza
con porzioni d'agnello cucinata
nel bronzo che l'avvolge
nel bronzo del coperchio che l'opprime[1].

---

[1] La stravagante pietanza, cucinata "in un lebete di bronzo, ponendovi sopra un coperchio di bronzo" era stata escogitata da Creso per mettere a prova la sapienza dell'oracolo.

II (1, 55, 2)
La Pizia, secondo vaticinio per Creso

Quando un mulo dei Medi
sovrano diverrà,
tu allora, Lido dai piedi gentili,
lungo l'Ermo ghiaioso
fuggi senza arrestarti
senza vergogna della tua viltà[2].

[2] Il "mulo" allude a Ciro, di razza mista perché nipote di Astiage re dei Medi e figlio di un nobile di stirpe persiana che ne aveva sposato la figlia.

III (1, 62, 4)
Vaticinio per Pisistrato

Getta la rete! Per le ben distese
maglie s'avventeranno
nel notturno chiarore
scie di tonni riflesse dalla luna.

IV (1, 65, 3)
La Pizia, vaticinio per Licurgo

O Licurgo, sei giunto
al dovizioso mio tempio, tu caro
a Zeus, caro a quanti
nelle case dimorano d'Olimpo;
nel dubbio mi dibatto
se proclamarti uomo
o percepirti spirito divino.

Ma tale tu m'appari,
o venuto da Sparta.

V (1, 66, 2)
La Pizia, vaticinio per Sparta

Vuoi conquistare le terre d'Arcadia?
Non le avrai perché troppo richiedi;
molti gli Árcadi sono che mangiano
ghiande, uniti ti respingeranno.
Ma non voglio deluderti:
Tegea ti donerò
risonante di piedi
pulsanti nella danza,
slargata sulla fertile pianura
che dovrai con la fune misurare[3].

---

[3] Gli Spartani interpretano le "funi" come quelle per misurare la terra spartita tra i vincitori, mentre saranno usate, dopo la loro sconfitta, per misurare la terra cui saranno assegnati come schiavi.

VI (1, 67, 4)
La Pizia, secondo vaticinio per Sparta

Nelle piane d'Arcadia
distendesi Tegea:
impetuosi lì spirano due venti
mossi da volontà ineludibile,
che raffiche determina su raffiche
colpi su contraccolpi
sciagure su sciagure.
Il figlio d'Agamènnone
lì ricopre la terra rigogliosa:
rapendone le spoglie
della città sarai dominatrice[4].

[4] La Pizia aveva profetizzato agli Spartani che avrebbero conquistato Tegea solo quando "fossero riusciti a rintracciare la tomba di Oreste, figlio di Agamennone", della quale, a suo modo, indica l'ubicazione.

VII (1, 85, 2)
La Pizia, terzo vaticinio per Creso

Stirpe di Lidia, re di molte genti,
o Creso poco accorto,
non insistere nel volere udire
nella casa la voce
del tuo figliolo che speri ti parli.
Conveniente sarebbe non udirla:
soltanto parlerà
nel dì della sventura.

VIII (1, 174, 5)
La Pizia, responso per Cnido

Non l'istmo manomettere con scavi
e neppure munirlo di difese
giacché Zeus, volendo porvi un'isola,
egli colà l'avrebbe suscitata.

IX (3, 57, 3)
La Pizia, responso per Sifno

Bianco in Sifno sarà il pritaneo
bianco il muro che cinge l'agorà,
quando l'urgente caso
la scelta imporrà d'uomo di senno
che proteggerti sappia
dall'offesa del legno
dall'offesa del rosso messaggero[5].

---

[5] Il colore bianco è dovuto al fatto che "in quel tempo i Sifni avevano l'agorà e il pritaneo adorni di marmo pario". Il "legno" allude alla flotta nemica, le cui imbarcazioni "anticamente erano spalmate di minio"; quindi rosse come il legno "messaggero" che intima la capitolazione.

X (4, 88, 2)
Dedica per il ponte sul Bosforo

Con viadotto di barche del pescoso
Bosforo soggiogate ambo le sponde
ad Hera dedicò
Màndrocle per ricordo
del transito sul mare,
cinto sé di corona
i Samî coronati dalla fama
per avere compiuto
il ponte loro ordinato da Dario[6].

[6] Tale la dedica apposta da Màndrocle di Samo per l'offerta alla divinità di un "quadro" che ritraeva "il ponte sul Bosforo e il re Dario assiso su un trono mentre il suo esercito vi transitava".

XI (4, 155, 3)
La Pizia, vaticinio per Batto di Cirene

Batto per la balbuzie sei venuto;
ma il mio signore, il dio Febo Apollo,
nella Libia d'armenti doviziosa
ti comanda d'andare
fondatore di prospera colonia.

XII (4, 157, 2)
La Pizia, secondo vaticinio per Batto di Cirene

Molto t'ammiro per la tua sapienza
giacché tu, non essendovi andato,
la Libia ricca di greggi conosci
più di me che colà,
felice, ho sostato[7].

---

[7] I coloni, senza approdare sulla terraferma, si erano limitati a fermarsi in "un'isola posta presso la Libia che ha nome Platea". Secondo la leggenda Apollo, che parla per voce della Pizia, era invece andato in Libia facendone la sede e il regno della ninfa Cirene rapita in Tessaglia.

XIII (4, 159, 3)
La Pizia, vaticinio di fondazione per Cirene

Colui che troppo tardi
già la terra divisa
approderà di Libia
nell'ambita contrada,
costui – proclamo – se ne pentirà.

XIV (5, 56, 1)
Responso per Ipparco di Atene

Sopporta tu, leone,
sciagure intollerabili
con cuore tollerante:
l’uomo che gesti compie scellerati
la pena pagherà.

XV (5, 77, 4)
Dedica su quadriga onoraria

Dei Beoti domate
dei Calcidesi le genti;
d'Atene vittoriosi i figli in arme
con duri ceppi di ferro ne spensero
l'ardire tracotante;
ad Athena per decima
dedicarono le quattro cavalle[8].

[8] Gli Ateniesi consacrarono ad Athena "la decima dei riscatti erigendo una quadriga di bronzo, che si erge subito a sinistra per chi entri nei propilei dell'acropoli".

XVI (5, 92, β/2)
La Pizia, vaticinio per Eezìone di Corinto

Pur essendo tu degno
di plurimi onori,
or alcuno non trovi, Eëzìone,
che ti tributi ossequio;
Labda, la sposa incinta, un macigno
partorirà che tutti
fugherà di Corinto i reggitori
impartendo giustizia[9].

---

[9] Il macigno, che in Corinto abbatterà l'endogamica oligarchia dei Bacchiadi, è il tiranno Cipselo, anch'egli bacchiade per parte di madre.

XVII (V 92, β/3)
La Pizia, vaticinio per il *ghenos* dei Bacchiadi

Incinta sulle rocce
partorirà un'aquila un leone
possente, aggressivo;
ne saranno fiaccate le ginocchia
di grande moltitudine.
Riflettete voi dunque,
o dimoranti presso la scoscesa
Corinto, presso il fonte
ameno di Pirene[10].

[10] Trasparente in greco il gioco delle assonanze. Le "rocce", *pétrai*, alludono al demo di Petra cui appartiene Eezìone; la "aquila", *aietós*, al suo nome (*Ēetíōn*).

XVIII (V 92, ε/1)
La Pizia, vaticinio per Cipselo di Corinto

Fortunato sia Cipselo
regnante sulla gloriosa Corinto.
Fortunato egli sia,
fortunati i figlioli
di lui, non i nipoti
da questi generati.

XIX (6, 19, 2)
La Pizia, vaticinio per Mileto

O Mileto, artefice
d'azioni funeste,
sarai per molti venuti a banchetto
una splendida preda.
I piedi le tue spose laveranno
agli uomini dai lunghi capelli
accorsi numerosi,
cui toccherà in Dìdima tutela
del nostro santuario[11].

[11] Gli "uomini dai lunghi capelli" sono i Persiani. A Dìdima, caduta Mileto, il tempio di Apollo è incendiato e saccheggiato.

XX (6, 77, 2)
La Pizia, vaticinio per le donne di Argo

"L'orribile serpente dalla triplice
spira perì domato dalla lancia",
diranno i vincitori.
Ma la femmina i maschi vincitori
sconfitti caccerà,
in Argo per sé fama conquistando
allorché molte sue donne trarranno
ferite nella faccia[12].

[12] Per dare senso al vaticinio, è stato capovolto. Il serpente simboleggia probabilmente Argo, poiché *árgos*, in luogo di *óphis*, è il termine argolico che designa il "serpente". Il quale, avendo una triplice spira, evoca l'idra di Lerna, che era anche l'emblema apposto sullo scudo dell'argivo Adrasto. La "femmina" potrebbe alludere alla poetessa argiva Telesilla che, dopo la sconfitta dei maschi, armò le donne per difendere la propria città dall'armata spartana del re Cleomene, come narra Pausania (2, 20, 8-10).

XXI (6, 86, 5/γ)
La Pizia, vaticinio per Glauco di Sparta

Certo più vantaggioso,
o Glauco d'Epicide,
è l'essere spergiuro
per appropriarsi delle altrui sostanze.
Insisti a spergiurare!
La morte ti rapisce sì col giusto
che onora i giuramenti;
ma l'umana fiducia
è madre d'una prole
senza né nome né mani né piedi
che rapida s'avventa
finché ghermita la casa, consunta
l'intera discendenza,
pervicace non abbia.

Ma dell'uomo che la fede rispetta
lieta felice la stirpe fiorisce
per i tempi venturi.

XXII (6, 98, 3)
La Pizia, vaticinio all'appressarsi dell'armata di Dario

Benché isola immobile
anche Delo con scosse muoverò[13].

[13] Siamo nell'imminenza della battaglia di Maratona, e l'allusione è a tremori della terra che, quale presagio del dio, scuoteranno Delo "fino ad allora immune da scosse sismiche". Apollo è il soggetto sottinteso.

XXIII (7, 140, 1-2)
La Pizia, vaticinio per gli Ateniesi

Sventurati Ateniesi,
imbelli inattivi,
ai confini svanite della terra
le case abbandonando,
l'acropoli rotonda la città
fuggendo, che disgiunta
è ormai testa dal corpo, disgiunta
dai piedi dalle mani.
Miserando il tronco
precipita abbattuto dalle fiamme
mentre irruente impazza
Ares montato su un carro siriaco;
numerose altre rocche
il dio devasterà,
non la vostra soltanto;
in preda al fuoco che tutto travolge
molti templi darà degli immortali
le cui statue trasudano sudore
tremanti di spavento,
mentre, monito di cupa catastrofe,
le sommità dei tetti
nero grondano sangue.
Presto dal santuario dipartitevi
saldo opponendo l'animo
a mali ineluttabili.

XXIV (7, 141, 3-4)
La Pizia, secondo vaticinio per gli Ateniesi

Athena propiziarsi
non può l'Olimpio Zeus, seppur pregatolo
con accorte parole di saggezza;
ma un responso darò
saldo, temprato qual fosse d'acciaio.
Allorché conquistata
sia la distesa tra il Cècrope monte
e le forre del sacro Citerone,
l'onniveggente Zeus
ad Athena concede Tritogenia
che una muraglia di legno soltanto
inviolata rimanga
per salvarti, i figli per salvare.
Non però aspettare i cavalli
i fanti del nemico che procede
dal continente con gran moltitudine,
ritirati volgendogli le spalle:
con lui giorno verrà
dello scontro frontale.
O Salamina, isola divina,
farai perire tu prole di donne
quando il frutto di Dèmetra si semina
o quando si raccoglie[14].

---

[14] Siamo al tempo della seconda guerra persiana, e dopo la battaglia delle Termopili. L'evocazione di Salamina è da correlarsi alla profezia della "muraglia di legno", che allude alla flotta ateniese che trionferà nella celebre battaglia.

XXV (7, 148, 3)
La Pizia, responso per Argo

Odiata dai vicini
cara agli immortali
vigila in armi, la testa proteggi
impugnata la lancia:
la testa pure il corpo salverà.

XXVI (7, 220, 4)
La Pizia, vaticinio di morte per Leonida

Abitanti di Sparta
dalla vaste contrade,
o la patria gloriosa
dai Pèrsidi verrà tutta annientata
o piangerà la morte d'un sovrano
di stirpe eraclea.
Non fermerà dei Pèrsidi la marcia
né di tori l'ardire o di leoni
in lotta contrapposti:
la potenza possiedono di Zeus,
né essi – lo proclamo –
di propria volontà arretreranno
prima che la città
vediate incenerita
o caduto piangiate un vostro re[15].

---

[15] Vaticinio *post eventum*. "Pèrsidi" sono i Persiani in quanto discendenti da Perseo; Leonida, che muore alle Termopili, è il re cui qui si accenna.

XXVII (7, 228, 1)
Le Termopili, epitaffio per i caduti peloponnesiaci

Contro trecentomila combatterono,
caddero quattromila
opliti accorsi dal Peloponneso.

XXVIII (7, 228, 2)
Le Termopili, epitaffio per i caduti spartani

Riferisci viandante agli Spartani
che rispettosi al monito
di leggi della patria
qui nel sonno perenne riposiamo[16].

[16] L'epitaffio da Cicerone (*Tusc.* 1, 101) è attribuito a Simonide = fr. 92 Diehl.

XXIX (7, 228, 3)
Termopili, epitaffio per il vate Megistìa

Celebra il monumento
il vate Megistìa
dai Persi trucidato dilagati
oltre le rive del fiume Sperchèo.
Per sé per gli Elleni divinò
imminente la fine,
ma, pur potendo la morte schivare,
dai condottieri qui giunti da Sparta
separarsi non volle.

XXX (8, 20, 2)
Vaticinio per gli Eubei

Attenzione tu prestami:
quando l'uomo che barbaro favella
aggioga la marina
con funi di papiro
d'allontanare sforzati dall'isola
le mugolanti capre[17].

[17] La "marina" è quella del Bosforo aggiogata dal ponte di barche. Per il resto, valga la parola dello storico: "Gli Eubei trascurarono l'oracolo di Bacide, ritenendolo poco importante, e non evacuarono e non immagazzinarono nulla in previsione della guerra che li attendeva, provocando essi stessi il precipitare della loro situazione".

XXXI (8, 77, 1)
Vaticinio per la vittoria di Salamina

Quando con ponte di navi
nella folle speranza
congiunta sarà la spiaggia d'Artèmide,
dalla dorata spada,
con la marina là presso Cinòsura,
allora, già distrutta
Atene rifulgente,
la sacrosanta giustizia di Dike
oscurerà il non mai sazio Koros
(che rampollo dell'Hybris tracotante
terribile imperversa
per mordere la preda).
L'aguzzo bronzo lì con altro bronzo
s'incrocerà per monito guerriero
d'Ares furente, l'onda insanguinando.
L'onniveggente Zeus
e la fulgente Nike
alle genti dell'Èllade, allora,
la libertà per pegno doneranno.

XXXII (8, 96, 2)
Secondo vaticinio per la vittoria di Salamina

Le femmine marine di Colìade
con relitti di remi
i pesci arrostiranno.

XXXIII (9, 43, 2)
Vaticinio per la vittoria di Platea

Là presso il Termodonte
presso l'Àsopo d'erba verdeggiante
radunati saranno
schierati gli Elleni;
il grido poi s'udrà
del barbaro persiano
portatore dell'arco
quando, sopravvenuto
fatidico l'abbraccio con la morte,
precipite cadrà
avverso alla sorte combattendo
avverso alla fortuna.

Parte seconda

PAUSANIA

I (1, 13, 3)
Dedica di Pirro

L'esercito d'Antigono distrutto
all'Itònide Athena,
dei tracotanti Galati gli scudi
sottratti, proprio dono consacrò
Pirro re dei Molossi.

Non destano le gesta meraviglia
ché la casata di Pirro l'Eàcide
il mestiere dell'armi
esercita nei secoli.

II (1, 13, 3)
Seconda dedica di Pirro

Devastarono un tempo questi scudi
le contrade dell'Asia opulenta,
rifulgente per l'oro;
restino ora addossati alle colonne
del santuario di Zeus
quali prede sul campo abbandonate
dagli alteri Macedoni.

III (1, 37, 2)
Epitaffio per Fìtalo

Fìtalo, l'eroe, qui dove riposa
ospitò regalmente un tempo Dèmetra,
la veneranda dea.
Ella qual ricompensa
per prima gli mostrò del fico l'albero
dal delizioso frutto
offerto dall'estate declinante.
Lì d'allora si onorano
di Fìtalo i nipoti.

IV (2, 26, 7)
La Pizia, responso su Asclepio

Asclepio generato
per giovare all'intera umanità
fu lungi partorito,
nella città pietrosa d'Epidauro,
da Corònide figlia di Flegìa
da me desiderata
da me goduta in vincolo d'amore[18].

---

[18] Apollofane, l'arcade, aveva domandato se Asclepio fosse figlio di Arsinoe, nata da Leucippo, e fosse quindi di stirpe messenica.

V (2, 33, 2)
Responso sulle sedi di Apollo

In più località risiede il dio:
a Calàuria, a Delo, nella sacra
sua sede di Pithó,
al promontorio ventoso del Tènaro.

VI (3, 8, 9)
La Pizia, vaticinio per Sparta

Attenta Lacedèmone superba!
Se anche salda di piede,
la doppia monarchia dei governanti
può divenire zoppa.
Per assai lungo tempo
sarai vessata infatti da travagli
da mali innumerevoli
e dal flutto scomposto della guerra.

VII (4, 9, 4)
La Pizia, vaticinio per Messene

Un'incorrotta vergine
destinate in notturni sacrifici
agli infernali dèi
sorteggiata dal sangue degli Epìtidi.
Se l'offerta non fosse sufficiente
una seconda vergine
sacrificate ancora,
senza rincrescimento
da altra stirpe subito concessa.

VIII (4, 12, 1)
La Pizia, secondo vaticinio per Sparta

Non ti comanda Apollo
di trionfare in guerra
soltanto con manovre
frontali di falange;
con l'inganno un popolo detiene
la terra dei Messeni:
in analogo modo tu conquistala.

IX (4, 12, 4)
La Pizia, secondo vaticinio per Messene

Ti darà il dio gloria nella guerra
se a contenere prima che s'accresca
saprai tu la nemica
di Sparta ingannatrice moltitudine;
ché altrimenti, con Ares comparsa
in forma venturosa
dall'occulto ricetto,
le ben costrutte mura annienterà
della città, estinti gli abitanti:
da serti per le danze
da corone giammai più rallegrati.
Ma non saluterà luce del giorno
la lacrimata fine
se al destino non prima s'accomunino
trasmutazioni dell'umano genere[19].

---

[19] Un padre si scopre non più padre e scopre che la propria moglie è una falsa madre; mentre una madre legittima si denunzia per tale rinunziando alla dignità di sacerdotessa.

X (4, 12, 7)
La Pizia, terzo vaticinio per Messene

Ai primi che avranno offerto tripodi
in decine di dieci
dell'Itomate Zeus presso gli altari,
a questi il dio con subita vittoria
le contrade messeniche concede:
tale il divino monito!

Anche se nell'inganno tu primeggi,
frodato Zeus, vendetta te n'incombe:
la sorte reversibile
prima sugli uni, sugli altri dopo,
impartirà sventura[20].

[20] Vaticinio inteso dai Messeni in loro favore, ma reversibile e foriero di sventura sia per loro sia per gli antagonisti spartani; entrambi infatti nella loro offerta raggireranno il dio. Il responso è ripetuto e si chiarisce a 4, 27, 4.

XI (4, 15, 2)
Sparta, canto di guerra

Diciannove anni lì presso Messene
instancabili sempre combatterono
tolleranti nell'animo
armati della lancia
gli avi nostri, i padri dei padri.

XII (4, 16, 6)
Messene, canto di vittoria

Vincitore incalzava gli Spartani
il nostro Aristomene
fino alla sommità delle montagne
fino di Steniclero alla pianura,
accerchiandoli nell'ampia distesa.

XIII (4, 20, 1)
La Pizia, quarto vaticinio per Messene

Quando la vorticosa acqua del Neda
disseterà un capro,
più non difenderò
la terra di Messenia
su cui incomberà lutto e rovina[21].

[21] "L'albero del caprifico alcuni Greci lo chiamano fico selvatico, i Messeni invece lo chiamano capro". Il vaticinio dall'equivoco trae giustificazione e ragione di essere.

XIV (4, 27, 4)
Responso per Messene

Di Sparta che t'opprime
il fiore rifulgente sfiorirà;
risorgerà Messene
redentasi, rinata nella gente.

XV (4, 27, 4)
Vaticinio per Tebe

Di Messene domati
i crudeli padroni
saranno dalla furia dei torrenti
dall'urlo della guerra[22].

---

[22] La furia delle acque cela un'allusione al torrente Neda, già evocato in un precedente vaticinio (vd. XIII).

XVI (4, 32, 5)
Vaticinio di vittoria per Leuttra

Innalzate un trofeo,
ornato dell'usbergo custodito
nel santuario da Aristomène
messeno, nei cimenti travolgente,
prima di misurarvi con la lancia
contro il nemico sul campo schierato;
di lui l'ingente armata
dagli scudi difesa
tutta dal dio sarà vinta e dissolta.

XVII (5, 1, 3)
La Pizia, vaticinio per Eracle

Il padre la Pisàtide protegge;
al pari preservata
da me, con le convalli,
è la sede inviolata di Pithó[23].

[23] Il vaticinio vale la salvezza degli abitanti della Pisatide che stavano per essere aggrediti da Eracle.

XVIII (5, 7, 3)
La Pizia, responso ecistico per Siracusa

Nella Trinachia l'isola d'Ortigia
traluce nel riflesso
dell'alba mattutina
mentre dal salso mare defluisce
dolce la linfa dell'Alfeo per fondersi
all'amata sorgente d'Aretusa.

XIX (5, 10, 4)
Olimpia, iscrizione sullo scudo di Nike

D'oro lo scudo che adorna nel tempio
la statua della Nike.
Decima di vittoria gli Spartani
con gli alleati qui lo dedicarono
dalle prede sottratte a Tanagra
ad Argo, ad Atene,
alla jonica lega.

XX (5, 20, 6)
Olimpia, iscrizione sulla colonna di Enomao

Sono, o viandante, un relitto
della casa distrutta,
una colonna eretta
da Enomao nella sua dimora.
Insisto ora nell'area
consacrata al Cronide trattenuta
da catene onorarie:
neppure mi domò
l'annientatrice folgore del fulmine[24].

[24] "In seguito a un fulmine, scagliato dal dio, il fuoco distrusse tutto il resto della casa e soltanto la colonna fu risparmiata".

XXI (5, 22, 3)
Olimpia, dedica degli Apolloniati

Memoria d'Apollonia,
che sul mare Adriatico fondò
Febo Apollo dalle folte chiome.
I suoi figli che la terra Abàntide
in guerra sottomisero
le statue dedicarono qual decima
da Tronio, espugnata
per grazia degli dèi.

XXII (5, 22, 3)
Olimpia, dedica dei Clitorî

Di Clitorìa gli indomiti guerrieri
al padre Zeus la statua dedicarono
qual decima dovuta
da non poche città
espugnate con forza violenta.

Le armoniche misure delle forme
eseguirono i làconi artigiani
Arìstone e Telesta
fratelli nati dallo stesso padre.

XXIII (5, 27, 12)
Olimpia, dedica dei Mendei

A Zeus della città
di Mende gli abitanti
quale primizia m'offersero di guerra
a forza impadronitisi di Sipte.

XXIV (6, 3, 14)
Olimpia, dedica di statua per Lisandro

Di Zeus nel frequentato santuario
sono pubblica offerta, donativo
di Samo per le gesta di Lisandro
che fama di valore gli arrecarono,
alle armi di Aristòcrito
alla città donando
un vanto imperituro.

XXV (6, 9, 8)
La Pizia, responso per un pugile

Cleomede di Stampalia
ultimo consacrato tra gli eroi:
non più uomo mortale
attende sacrifici.

XXVI (6, 11, 8)
La Pizia, responso per i Tasî

Di Taso il più insigne
cittadino, il nobile Teagene,
per incuria colpevole
giace senza memoria[25].

[25] La sua statua, infatti, rea di avere commesso un omicidio in seguito a una caduta, era stata gettata in mare giacché il codice di Dracone "dispose l'esilio anche degli esseri inanimati, qualora uno di essi precipitando avesse ucciso un uomo". Solo, tornando a onorarla, la terra di Taso – a stare alla Pizia – avrebbe ripreso a dare i suoi frutti.

XXVII (6, 19, 6)
Olimpia, dedica per una vittoria

Splendido dono allo Zeus di Olimpia
genti mi dedicarono
del Chersoneso di Tracia; le mura
della fortezza d'Àrato espugnate
per virtù di Milzìade.

XXVIII (7, 5, 3)
Vaticinio per gli Smirnei

Per tre per quattro volte
fortunate le genti che dimora
troveranno sul Pago,
superata del Mèlete
la sacra risorgiva.

XXIX (7, 8, 9)
Vaticinio per i Macedoni

Insuperbiti dalla gloria argèade
orgogliosi Macedoni,
di sovrani una coppia di Filippi
gioia arrecherà nonché dolore.
L'uno vi renderà
signori di città
vincitori di popoli;
l'altro annullerà
la gloria dello scettro
schiacciato da nazioni
che dall'oriente premono
che da occidente incalzano.

XXX (7, 25, 1)
Responso per gli Ateniesi

Rispettate, Ateniesi, l'Areopàgo
onorate dell'Eumènidi l'are
impregnate di fumo,
dove Spartani supplici domati
dalla lancia invocano ricetto.
Né col ferro uccideteli
né recategli insulto con offese:
ai supplici imploranti
Zeus di Dodona accorda protezione.

XXXI (8, 7, 6)
La Pizia, vaticinio di morte per il re Filippo

Al toro incoronato di corona
s'approssima la fine;
s'appressa già l'addetto al sacrificio[26].

[26] Il vaticinio delfico, richiesto per la campagna oltre Egeo, "si rivelò indirizzato non ai Persiani, ma allo stesso Filippo" quando il re non aveva ancora compiuto il quarantaseiesimo anno di età. L'anno cui ci riporta è il 336 a.C., al tempo delle nozze di sua figlia Cleopatra con Alessandro il Molosso, zio materno.

XXXII (8, 9, 4)
La Pizia, vaticinio per Àrcade

È terra Menalìa
che aduna forti nembi;
dove quadrivio con trivio s’incontra
allo svincolo di cinque sentieri,
Àrcade sotto la terra riposa
eponimo dell’àrcadi tribù.
Là ti ingiungo d’andare:
dissotterrane l’ossa,
recale in Mantinea
dove un sacro recinto,
onorandole, le preserverà.

XXXIII (8, 42, 6)
La Pizia, vaticinio per gli Àrcadi affamati

Arcadi d'Azanìa
che mangiate le ghiande, che nell'antro
di Figalia ricetto già aveste
(nell'antro occulto sede di Demetra
la nata dal quadrupede),
m'interrogate sulla carestia
qui giunti morsi dall'atroce fame
soli tra tutti nomadi vaganti
soli tra tutti tornati a nutrirvi
di selvatiche bacche.
Demetra pose fine alla sudata
per voi fatica della pastorizia;
or di nuovo in pastori vi tramuta
da alacri – che già foste –
raccoglitori di fasci di spighe
da avidi – che già foste –
divoratori di tonde focacce.

Divinità nell'ira
perché spogliata degli antichi onori
da sempre ricevuti:
sicché tempo verrà
che voi l'uno con l'altro
vi sazierete, poi dei vostri figli,
se non ne ammansite con offerte
con libagioni l'animo alterato
il tenebroso ornandole ricetto.

XXXIV (8, 52, 6)
Tegea, dedica per Filopèmene

Il valore la gloria
di lui volano per l'Èllade tutta,
per senno si distinse per azione[27].
Con mirabili gesta, condottiero
fu in molteplici guerre
l'àrcade Filopèmene;
lo dimostrano i duplici trofei
eretti per vittorie
sui tiranni di Sparta,
dove la dilagante schiavitù
sradicando soppresse.
Di libertà artefice,
a lui, figlio di Cràugide,
Tegèa per tanti meriti
eresse il monumento.

---

[27] *Molto egli oprò col senno e con la mano*; l'endecasillabo del Tasso (*Gerusalemme* 1, 1, 3), pure nell'ignoranza di Pausania, traduce magistralmente il suo *pollà men alkaîs / pollà dè kaì boulaîs érga*.

XXXV (9, 14, 3)
La Pizia, vaticinio per i Tessali

Amo l'ombrosa Leuttra, e d'Alesia
la terra, amo entrambe
le figlie miserevoli di Scèdaso.
S'avvicina in quei siti la battaglia
che molte arrecherà disperse lacrime,
che annunziata sarà
allorquando annientata sia dei Dori
la spartana fiorente gioventù
nel dì loro assegnato dal destino.
Cèresso allora, Tessali, espugnate,
non in altro frangente[28].

[28] Le figlie di Scèdaso, violentate da due uomini di Sparta, si impiccarono "perché la violenza subita parve loro insopportabile". Anche il padre poi si suicidò non avendo ottenuto giustizia. Il vaticinio, *post eventum*, reso ai Tessali, si daterebbe ben duecento anni prima della battaglia di Leuttra.

XXXVI (9, 15, 6)
Tebe, dedica per Epaminonda

Per mio merito Sparta
perdette della gloria il primato;
Messene città sacra, accogliendoli,
ha riabbracciato gli esuli figli;
in virtù di falangi
lì accorse da Tebe
Megalòpoli s'è cinta di mura;
l'Èllade indipendente alla rinata
applaude libertà.

XXXVII (9, 17, 5)
Vaticinio per Tebe

Sul tumulo di terra che ricopre
gli eroici fratelli,
Anfione con Zeto,
se un nativo qui di Titorèa
riversi – con preghiere – libagioni
mentre attratte son le stelle del Toro
dal calore del sole incandescente,
dalla sciagura allora perniciosa
guàrdati che sovrasta la città.
I cui frutti rovinano qualora
l'intruso abbia la terra rimosso
dal venerato tumulo
per addurla al sepolcro
dove Foco riposa con Antìope[29].

[29] "La tomba comune per Zeto e per Anfione è costituita da un tumulo di terra di dimensioni non grandi; dal quale gli abitanti di Titorèa nella Focide vogliono asportare la terra, cercando di farlo quando il sole nel cielo passa per la costellazione del Toro. Infatti, se costoro depositano intorno al monumento sepolcrale di Antìope la terra lì allora prelevata, la campagna porterà loro frutti, ma non ugualmente ai Tebani".

XXXVIII (9, 18, 5)
Secondo vaticinio per Tebe

Tebani abitatori
della città di Cadmo,
se in patria volete permanere
godendo di legittime ricchezze,
dall'Asia trasferite
d'Èttore Priamìde
alle sacre dimore vostre l'ossa
onorando l'eroe
per volontà di Zeus.

XXXIX (9, 37, 4)
La Pizia, vaticinio di natalità

O Ergino – vetusta
prole del Presbonìade Climeno –
tardi ti decidesti a procreare;
ma ora immetti lo stanco timone
del declinante aratro
in più giovane solco[30].

---

[30] "In conformità con il responso dell'oracolo prese una moglie giovane", dalla quale Ergino ebbe due figli.

XL (9, 38, 4)
Orcomeno, dedica per Esiodo

Fu Ascra la sua patria
doviziosa di messi,
ma, lui morto, è la terra dei Minî
(che domano i cavalli)
a custodirne l'ossa.
Del poeta la fama vola altissima
sulle terre dell'Èllade
giacché per senno noi, per intelletto,
giudichiamo i defunti.

XLI (10, 1, 4)
La Pizia, vaticinio per i Focidesi

L'un con l'altro a combattere
in cimento tra loro spingerò
un mortale ed un essere immortale;
la vittoria ad entrambi io darò
ma al primo contendente
un successo di molto superiore[31].

[31] La contrapposizione è tra Tessali e Focidesi. Gli uni vincono il primo scontro, ma gli altri il secondo riportando "la più gloriosa vittoria del tempo". Tutti i Greci compresero allora il vaticinio, poiché "la parola d'ordine che i comandanti avevano assegnato nelle distinte battaglie era sempre la stessa: Athena Itonia per i Tessali, Foco – loro eponimo – per i Focidesi".

XLII (10, 6, 7)
La Pizia, vaticinio per i Delfî

Sull'empio predatore del Parnaso
un dardo scaglierà
Febo Apollo da presso.
Ne purificheranno dal versato
sangue le mani uomini di Creta
di cui fugace non sarà la fama[32].

[32] Gli "uomini di Creta" sono con tutta probabilità da identificarsi nei figli del dio, Carmànore e Crisotèmide.

XLIII (10, 7, 6)
Delfi, dedica a Eracle

Qui Echèmbroto l'arcade
consacrò ad Èracle
il tripode acquisito
nelle gare anfizioniche,
per gli Elleni intrecciando
canzoni lacrimose
con distici elegiaci.

XLIV (10, 9, 11)
Vaticinio per Egospòtami

Zeus che dall'alto dell'etere tuona
– dio dall'ampio potere –
agli Ateniesi lutti rovinosi
torvo susciterà.
In battaglia il mare inghiottirà
le navi della flotta
per ordini colpevoli
di pastori al comando.

XLV (10, 9, 11)
Secondo vaticinio per Egospòtami

Calamità selvaggia su Atene s'abbatte
per colpevole guida
di infedeli strateghi;
ma del disastro Atene, non immemore,
punendo i responsabili trarrà
parvenza di conforto.

XLVI (10, 12, 3)
Canto della Sibilla Erofile

Nata sono creatura
sospesa tra universo
celeste e terrestre
figlia di ninfa immortale congiuntasi
con essere mortale,
il caro genitore
che si nutre di pesci;
vanto per madre stirpe
dall'Ida, sacra mia terra nutrice,
vanto per patria la rubra Marpesso
dove il fiume fluisce Aidonèo.

XLVII (10, 12, 6)
Epitaffio della Sibilla Erofile

Io che marcisco oppressa dalle pietre
del sepolcreto sono la Sibilla
interprete d'Apollo,
già profetica vergine
silente ora per sempre.
All'oscurità sotto grevi massi
il destino m'avvinse,
ma presso Ermes vicina alle Ninfe
io riposo sotterra
non priva degli onori che competono
a me progenie di stirpe regale[33].

[33] "Vicino al monumento funebre si erge un Ermes di pietra [...]; a sinistra scende dell'acqua in una fontana con statue di Ninfe".

XLVIII (10, 14, 5)
La Pizia, responso per Temistocle

Non nel tempio deporre
l'offerta tua superba
delle spoglie persiane;
alle mura domestiche
subito indietro, in patria, riportale[34].

---

[34] "Alcuni ritenevano che il dio allo stesso modo avrebbe respinto tutte le prede persiane [...]. Altri pensavano che Apollo, ben sapendo che Temistocle si sarebbe presentato un giorno supplice presso il Gran Re, non volle accettare quei doni per non renderne perpetuo l'odio contro di lui".

XLIX (10, 15, 3)
Vaticinio per i Gàlati

Valicato lo stretto d'Ellesponto,
dei Gàlati l'armata distruttrice
pronta si schiererà per depredare
la regione dell'Asia.
Zeus però solo per breve momento
calamità tremende infliggerà
a quanti presso le marine spiagge
con timore dimorano;
ché in soccorso il dio
il suo diletto alunno,
schiatta del Toro, lì susciterà,
che sui Gàlati rapido abbattutosi
sarà vindice di tanta rovina[35].

---

[35] "Con l'espressione *progenie del Toro* il vaticinio volle indicare Attalo re di Pergamo, che un oracolo aveva anche chiamato *dalle corna taurine*".

L (10, 18, 2)
La Pizia, responso agli Achei

Voi che in Acaia la terra di Pèlope
calcate, voi venuti
a Pithó per conoscere
come espugnare la rocca di Fana,
riflettete su quale quantità
d'acqua per dissetare
le genti asserragliate
- per salvarle da morte –
ai resistenti ogni dì necessiti.
Così dunque potrete conquistare
la fortezza difesa dalle torri[36].

[36] Fatta prigioniera una donna fuoriuscita dalle mura per attingere acqua, "da lei vennero a sapere che quel poco d'acqua della sorgente che gli assediati raccoglievano ogni notte era da loro razionata non disponendo di altra fonte per combattere la sete".

LI (10, 21, 5)
Atene, dedica su uno scudo votivo

Sospeso sono qui quale ornamento
del portico di Zeus, commiserando
di Kydìas l'ateniese
l'estrema giovinezza;
scudo d'un valoroso
che con esso protese
l'avambraccio sinistro
quando Ares violento nella mischia
il Gàlata ammantò del suo furore.

LII (10, 24, 2)
Delfi, vaticinio per Omero

Felice e sfortunato
tu che con sorte duplice nascesti,
tu che anelo ricerchi
la paterna città
mentre solo hai per unica patria
Ios, l'isola materna,
Ios, l'isola del padre di tua madre,
l'isola che defunto
ti accoglierà nell'ultima dimora
se sciogliere saprai
l'enigma dei fanciulli[37]!

[37] I quali, giovani pescatori di Ios, erano soliti dire 'tutto ciò che prendemmo lasciammo, tutto ciò che non prendemmo ce lo portiamo addosso'. Il riferimento però non è ai pesci del mare, ma ai loro pidocchi.

LIII (10, 24, 3)
Cipro, secondo vaticinio per Omero

Nell'isola di Cipro
un eccelso cantore nascerà
famoso in ogni luogo della terra;
lo genera in campagna
– lungi dall'opulenta Salamina –
illustre tra le donne Themistó.
Partitosi da Cipro,
grondante ancora dei flutti del mare,
diverrà immortale
senza l'offesa di turpe vecchiezza
per avere egli per primo cantato
dell'Ellade infinita l'epopea.

TESTIMONIANZA, COME POSTFAZIONE*

Lorenzo Braccesi è un rigorosissimo quanto appassionato storico del mondo greco e romano, non senza qualche venatura d'ironica malinconia. Così recupera frammenti del mondo antico con reinventata memoria nel rimpianto dei frammenti ritrovati dallo storico e riproposti all'ammirato lettore. L'opera di Braccesi unisce epica e consapevolezza di quell'antico tempo perduto. Quell'eroismo è perduto, e in fondo c'è il senso del vuoto irrimediabile e del tragico di cui l'eco

* Lo scritto è datato il 23 marzo 2017 ed è probabilmente l'ultimo scritto di Bàrberi Squarotti, già provato nel fisico e deceduto a Torino il 9 aprile 2017. L'autore di questo libro, commosso, ne è tanto più grato al compianto amico. Il quale, letto il primo abbozzo delle rivisitazioni erodotee, così – tra altre cose – gli aveva scritto il 23 giugno del 2015: "Caro Braccesi, mi ha molto aiutato ad accogliere sapienza e verità la tua traduzione in settenari (con qualche endecasillabo) delle sentenze di Erodoto. Oh felici tempi, quando la storia e la poesia erano sorelle e a vicenda si scambiavano bellezza e ammaestramento". Accolga il lettore la citazione come debita integrazione a questa sua estrema 'testimonianza' dettata a una collaboratrice.

rimane. Posso aggiungere un'indiscrezione? Il pudibondo idealismo e il realismo di derivazione scientifica e politica hanno fatto scomparire quasi del tutto quel genere fondamentale della letteratura che è il comico. So che Braccesi lo ha argutamente e vivacemente rinnovato, e mi auguro che voglia mettere a confronto il suo comico con la sua riconquista di frammenti classici. Sarebbe la grande lezione del classicista nuovo, esemplare.

GIORGIO BÀRBERI SQUAROTTI

INDICE DEI LUOGHI

Parte prima
ERODOTO

PARTE SECONDA
PAUSANIA

Finito di stampare
presso Services4media - Bari